Carta a D.

Primera edición en este formato: noviembre de 2024
Título original: *Lettre à D.: Histoire d'un Amour*
Publicado originalmente en francés, en 2006, por Éditions Galilée

Diseño de cubierta: Taller de los Libros
Imagen de cubierta: cortesía de la familia de André Gorz

Publicado por Ático de los Libros
C/ Roger de Flor n.º 49, escalera B, entresuelo, oficina 10
08013 Barcelona
info@aticodeloslibros.com
www.aticodeloslibros.com

ISBN: 978-84-19703-66-8
THEMA: DNC
Depósito Legal: B 18033-2024
Preimpresión: Taller de los Libros
Impresión y encuadernación: Liberdúplex
Impreso en España — Printed in Spain

Carta a D.

Una historia de amor

André Gorz

Traducción
Jordi Terré

Ático de los libros

Acabas de cumplir ochenta y dos años. Has encogido seis centímetros, no pesas más de cuarenta y cinco kilos y sigues siendo bella, elegante y deseable. Hace cincuenta y ocho años que vivimos juntos y te quiero más que nunca. De nuevo siento en mi pecho un vacío devorador que solo colma el calor de tu cuerpo abrazado al mío.

Tengo que repetirte estas pequeñas cosas antes de abordar los problemas que desde hace poco me atormentan. ¿Por qué estás tan poco presente en lo que he escrito si nuestra unión ha sido lo más importante de mi vida? ¿Por qué, en *El traidor,* presenté una imagen falsa de ti, que te desfigura? Ese libro debía mostrar que mi compromiso contigo constituyó la inflexión decisiva que me ha permitido querer vivir. ¿Por qué, entonces, elude tratar la maravillosa historia de amor que comenzamos siete años atrás? ¿Por qué no conté lo que me fascinó de ti? ¿Por qué te describí como una criatura que inspiraba compasión, «que no conocía a nadie, no sabía una sola palabra de francés y se habría destruido sin mí», aun cuando tenías tu círculo de amigos, formabas parte de un grupo de teatro en Lausana y en Inglaterra te esperaba un hombre decidido a casarse contigo?

Realmente, no llevé a cabo en profundidad la exploración que me proponía al escribir *El traidor.* Aún tengo que entender y clarificar muchas cuestiones. Necesito reconstruir la historia de nuestro amor para captar todo su sentido.

Gracias a ella, somos lo que somos, uno por el otro y uno para el otro. Te escribo para comprender lo que he vivido, y lo que hemos vivido juntos.

El comienzo de nuestra historia fue maravilloso, casi como un flechazo. El día de nuestro primer encuentro estabas rodeada por tres hombres que pretendían hacerte jugar al póquer. Tenías una densa melena rojiza, la piel nacarada y esa voz aguda que caracteriza a las mujeres inglesas. Acababas de desembarcar de un barco procedente de Inglaterra, y esos tres hombres intentaban captar tu atención en un inglés bastante rudimentario. Destacabas sobre todos, intraduciblemente *witty*,* hermosa como un sueño. Cuando se cruzaron nuestras miradas, pensé: «No

* Ingeniosa. *(Todas las notas son de la editora.)*

tengo nada que hacer con ella». Luego supe que nuestro anfitrión te había prevenido en mi contra: «*He is an Austrian Jew. Totally devoid of interest*».*

Más tarde, me crucé contigo en la calle. Me fascinaron tus andares de bailarina. Después, una noche, por casualidad, te vi de lejos cuando salías del trabajo. Corrí para alcanzarte. Ibas deprisa. Había nevado. La llovizna hacía que tu cabello se ensortijara. Con poca convicción, te propuse ir a bailar. Simplemente, contestaste sí, *why not.*† Fue el 23 de octubre de 1947.

Mi inglés era torpe, pero aceptable. Se había enriquecido gracias a dos novelas norteamericanas que acababa de traducir para Ediciones Marguerat. Du-

* Es un judío austríaco, totalmente desprovisto de interés.

† ¿Por qué no?

rante nuestra primera cita, me di cuenta de que habías leído mucho, durante y después de la guerra: Virginia Woolf, George Eliot, Tolstói, Platón…

Hablamos de la política británica, de las diferentes corrientes en el seno del Partido Laborista. Sabías distinguir, desde el principio, lo esencial de lo accidental. Ante un problema complejo, la decisión oportuna te parecía siempre evidente. Tenías una confianza inquebrantable en la certeza de tus juicios. ¿De dónde sacabas tanta seguridad? Sin embargo, tus padres también estaban separados; los abandonaste pronto, uno después del otro; viviste sola durante los últimos años de la guerra junto a tu gato Tabby, con el que compartías tu racionamiento. Finalmente, te marchaste de tu país para explorar otros mundos. ¿Qué interés podía tener para ti un *Austrian Jew* sin un céntimo?

No lo entendía. Ignoraba qué vínculos invisibles se tejían entre nosotros. No te gustaba hablar de tu pasado. Poco a poco, comprendería cuál era la experiencia fundadora que nos volvió tan cercanos de inmediato.

Nos volvimos a ver. Seguimos yendo a bailar. Vimos *El diablo en el cuerpo,* donde actuaba Gérard Philipe. En cierta secuencia, la heroína pide al sumiller que les cambie una botella de vino casi vacía, porque, según ella, huele a corcho. Tratamos de repetir esta estratagema en una sala de baile, y el sumiller, tras comprobarlo, impugnó nuestro diagnóstico. Ante nuestra insistencia, nos la cambió sin dejar de advertirnos:

«¡No volváis a poner vuestros pies aquí!». Me admiró tu sangre fría y tu desparpajo. Me dije: «Estamos hechos para entendernos».

Al final de nuestra tercera o cuarta cita, por fin te besé.

No teníamos prisa. Te desnudé con cuidado. Y descubrí, por una maravillosa coincidencia entre lo real y lo imaginario, la encarnación de la Afrodita de Milos. El fulgor nacarado de tus pechos iluminaba tu rostro. Durante un largo rato contemplé, mudo, ese milagro de vigor y suavidad. Tú me enseñaste que el placer no es algo que se tome o se dé, sino una forma de darse y demandar la propia donación del otro. Nos entregamos mutuamente por completo.

Durante las semanas siguientes, nos vimos casi todas las noches. Compartiste conmigo el viejo catre desfondado que me servía de cama. No tenía más de sesenta centímetros de ancho y dormíamos apretados uno contra el otro. Además del catre, mi habitación no contaba más que con una biblioteca hecha con tablas y ladrillos, una mesa inmensa atestada de papeles, una silla y una estufa eléctrica. Mi austeridad no te sorprendió. Tampoco me extrañó que lo aceptaras.

Antes de conocerte, nunca había pasado más de dos horas con una chica sin cansarme y hacérselo notar. Lo que me cautivaba de ti era que me hacías acceder a otro mundo que me encantaba. Podía evadirme en él, sin obligaciones ni pertenencias.

Contigo me sentía como si estuviera en otra parte, en un lugar extranjero, extraño a mí mismo. Me dabas acceso a una dimensión de alteridad suplementaria, a mí, que siempre rechacé cualquier identidad, y fui acumulando identidades que no me pertenecían. Al hablarte en inglés, hacía mía tu lengua. Hasta hoy, he seguido dirigiéndome a ti en inglés, aunque tú me contestes en francés. El inglés, que conocía principalmente por ti y los libros, fue para mí, desde el principio, como una lengua privada que preservaba nuestra intimidad contra la irrupción de las normas sociales del entorno. Era como si contigo edificara un mundo protegido y protector.

Eso no habría sido posible si tú hubieses tenido un fuerte sentimiento de pertenencia nacional y de arraigo en la cultura británica, pero no era así. Respecto a todo lo *british,** mantenías una distancia crítica que no excluía la complicidad con lo que te era familiar. Solía

* Británico.

decir que eras una *export only,** es decir, uno de esos productos reservados para la exportación que no pueden encontrarse en la propia Gran Bretaña.

Nos apasionamos por el resultado de las elecciones inglesas, pero porque estaba en juego el futuro del socialismo, no el de Inglaterra. La peor injuria que se te podía infligir era atribuir al patriotismo tu adopción de un partido. Me lo volverías a demostrar mucho más tarde, durante la invasión de las Malvinas por el ejército argentino. A un ilustre invitado, que pretendía definir como patriotismo tu posición, le contestaste con aspereza que solo los imbéciles podían no percatarse de que Argentina emprendía esa guerra para redorar el blasón de una execrable dictadura militar fascista cuyo desmoronamiento había de precipitar, a

* Solamente para exportación.

fin de cuentas, la victoria de los británicos.

Pero me estoy adelantando. Durante esas primeras semanas me fascinaba tu libertad con respecto a tu cultura de origen, pero también su esencia tal y como te la transmitieron cuando eras pequeña. Esa firme actitud de tomarte a broma las adversidades más duras, el pudor que se travestía de humor y, muy especialmente, tus *nursery rhymes*[*] ferozmente *non-sensical*[†] y sabiamente ritmadas. Por ejemplo: «*Three blind mice / See how they run / They all run after the farmer's wife / Who cut off their tails with a carving knife / Did you ever see such fun in your life / as three blind mice?*».[‡]

* Canciones de cuna.

† Sin sentido.

‡ Tres ratones ciegos / Mira cómo corren / Todos tras la esposa del granjero / Que les corta las colas

Quería que me contaras tu infancia en su realidad trivial. Te criaste con tu padrino en una casa con jardín, al borde del mar, con tu perro Jock, que enterraba los huesos en los parterres y luego no los encontraba. Tu padrino poseía un aparato de telegrafía cuyas baterías tenían que recargarse cada semana. Me contaste que solías romper el eje de tu triciclo al bajar la acera sin levantarte; que en la escuela cogías el lápiz con la mano izquierda y te sentabas sobre las dos manos desafiando a la maestra, que pretendía forzarte a escribir con la derecha. Tu padrino, un hombre con autoridad, dijo que la maestra era una imbécil y fue a hablar con ella. Entendí entonces que el espíritu de la seriedad y el respeto por la autoridad serían siempre extraños para ti.

---

con un cuchillo / ¿Alguna vez has visto algo más divertido / que tres ratones ciegos?

Pero todo esto no puede explicar el vínculo invisible que hizo que nos sintiéramos unidos desde el comienzo. Por diferentes que fuéramos, sentía que teníamos algo fundamental en común, como una especie de herida originaria. Hace poco he mencionado la «experiencia fundadora»: la experiencia de la inseguridad. Su naturaleza no era la misma en ti que en mí. Poco importa: tanto para ti como para mí significaba que nuestro lugar en el mundo no estaba garantizado; que solo obtendríamos lo que lográramos hacer, y que teníamos que asumir nuestra autonomía. Luego descubriría que tú estabas mejor preparada para ello que yo.

Desde tu más tierna infancia, viviste en la inseguridad. Tu madre se casó muy joven. Casi inmediatamente, se tuvo que separar de su marido debido a la guerra de 1914. Al cabo de cuatro años, regresó como inválido de guerra. Durante varios años, él intentó restablecer la vida familiar. Finalmente, se fue a vivir a una residencia militar.

Tu madre, que, a juzgar por las fotos, era casi tan hermosa como tú, conoció a otros hombres. Uno de ellos, el que siempre has conocido como tu padrino, se había retirado a un pequeño pueblo de la costa tras haber recorrido el mundo. Tenías unos cuatro años cuando tu madre te llevó a vivir con él, pero su relación no duró mucho más. Ella se marchó al cabo de unos dos años y te dejó con él, por el que sentías un gran afecto.

Durante los años que siguieron, ella regresaba a verte con asiduidad. Sin embargo, cada una de sus visitas concluía con fuertes discusiones entre ella y ese a quien llamabas «padrino», pero del que, en tu fuero interno, sabías que era tu padre. Cada uno procuraba que tomaras partido por él contra el otro.

Puedo imaginar tu desamparo y tu soledad. Te decías que, si eso era el amor, si eso era una pareja, preferías vivir sola y no enamorarte nunca. Y puesto que las disputas entre tus padres giraban, principalmente, en torno a cuestiones de dinero, te decías que el amor, para ser verdadero, debería desdeñarlo.

Desde los siete años, supiste que no podías confiar en ningún adulto. Ni en tu maestra, a quien tu padrino trataba de imbécil; ni en tus padres, que te utilizaban como rehén; ni en el pastor, que, durante una de sus visitas a tu padrino, se puso a despotricar contra los judíos.

Le dijiste: «¡Pero Jesús era judío!». «Mi querida niña —replicó—, Jesús era el hijo de Dios».

No había ningún lugar en el mundo de los adultos al que pertenecieras. Estabas condenada a ser fuerte porque todo tu universo era precario. Siempre sentí tu fuerza, a la vez que tu fragilidad oculta. Me gustaba tu fragilidad superada; admiraba tu fuerza frágil. Éramos hijos de la precariedad y el conflicto. Estábamos hechos para protegernos mutuamente contra la una y el otro. Necesitábamos crear juntos, uno por el otro, el lugar en el mundo que nos había sido originariamente negado. Sin embargo, para lograrlo, era necesario que nuestro amor fuera también un pacto para toda la vida.

Nunca formulé todo esto de un modo tan explícito. Lo sabía en lo más hondo de mí mismo. Sentía que tú lo sabías. Pero el camino ha sido largo y estas experiencias vividas trazaron mi manera de pensar y de actuar.

A final de año, tuvimos que separarnos. Me apartaron de mi familia a los dieciséis años y, tras acabar la guerra, debía reencontrarme con ella, casi a los veinticinco. Se me volvió tan extraña como lo había sido mi país. Estaba decidido a regresar a Lausana al cabo de algunas semanas, pero tú temías que mi familia me retuviera y volviera a integrarme en su seno. Un amigo nos prestó su apartamento donde pasamos nuestros dos últimos días. Tuvimos una cama de verdad y una cocina en la que preparaste una comida de verdad. Fuimos hasta la estación juntos, en silencio. Ahora creo que nos teníamos que haber desposado ese mismo día. En ese preciso momento, yo habría estado dispuesto. En el andén de la estación, saqué de mi bolsillo la cadena de oro del reloj que debía devolver a mi padre y la ceñí a tu cuello.

Durante mi estancia en Viena, tuve a mi disposición el gran salón del piso, su piano de cola, su biblioteca y sus cuadros. Allí, me encerraba por la mañana, salía a hurtadillas a explorar las ruinas del casco antiguo y solo veía a mi familia en las comidas. Reescribí el segundo capítulo del ensayo, «La conversión estética, la alegría, la Belleza»; leí *Tres soldados* de Dos Passos y *El concepto de mediación en la filosofía* de Hegel (no estoy seguro de que el título sea exacto). A finales de enero, le anuncié a mi madre que regresaría «a mi casa», en Lausana, para el día de mi cumpleaños. «Pero ¿qué te retiene allí?», preguntó. Dije: «Mi habitación, mis libros, mis amigos y la mujer a la que amo». Solo te había enviado una carta que describía Viena y la mentalidad de los míos, deseando que no los conocieras nunca. Ese día te envié un telegrama: *«Till Saturday dearest»*.*

Creo que ya estabas en mi habitación cuando volví. La cerradura se podía abrir con un cortaplumas o un broche para el pelo. Estábamos en febrero y, cuando se apagaba la pequeña estufa de madera, la única forma de entrar en calor era metiéndonos en la cama. La precisión de los recuerdos que conservo me dice hasta qué punto te amaba, hasta qué punto nos amábamos.

A lo largo de los tres meses que siguieron, pensamos en casarnos. Mis ob-

* Hasta el sábado, querida.

jeciones eran, por principios, ideológicas. Consideraba el matrimonio como una institución burguesa que codificaba jurídica y socialmente una relación que, en la medida en que respondía al amor, ligaba a dos personas en su aspecto menos social. La relación jurídica tenía por tendencia, e incluso como misión, el hacerse autónoma con respecto a la experiencia y los sentimientos de los integrantes de la pareja. También decía: «¿Qué nos asegura que, dentro de diez o veinte años, nuestro pacto para toda la vida se corresponderá con el deseo de aquellos en quienes nos habremos convertido?».

Tu respuesta era ineludible: «Si te unes a alguien para toda la vida, ambos ponéis vuestra vida en común y evitáis hacer lo que pueda dividir o contrariar vuestra unión. La construcción de tu pareja es un proyecto común, que nunca acabarás de confirmar, de adaptar ni de reorientar en función de las situaciones cambiantes. Seremos lo que hagamos juntos». Era casi Sartre.

En mayo, llegamos a una decisión de principio. Se la comuniqué a mi madre y le rogué que nos enviara los documentos necesarios. Contestó enviándome un peritaje grafológico, el cual establecía que tú y yo teníamos caracteres incompatibles. Recuerdo ese 8 de mayo. Fue el día en que mi madre llegó a Lausana. Yo había decidido que nos reuniríamos con ella en su hotel, a las cuatro.

Permaneciste sentada en el vestíbulo del hotel mientras yo iba a avisar a mi madre. Estaba recostada en la cama con un libro. «He venido con Dorine —dije—. Quiero presentártela». «¿Quién es Dorine? —preguntó mi madre—. ¿Qué tengo que ver con ella?» «Vamos a casarnos». Mi madre estaba fuera de sí. Hizo valer todas las razones por las cuales este matrimonio estaba fuera de lugar. «Te espera abajo —dije—. ¿No quieres verla?». «No». «Entonces me voy».

«Ven, nos vamos —te dije—. No quiere verte». Apenas te dio tiempo a recoger tus cosas cuando mi madre, a lo gran dama, descendió la escalera exclamando: «Dorine, querida, ¡cuánto me alegro de conocerte por fin!». Tu soberana soltura y su distinción ostentosa: ¡qué orgulloso me sentí de ti ante aquella gran dama que presumía de la educación que le había dado a su hijo! ¡Qué orgulloso me sentí de tu desprecio por las cuestiones de dinero que, para mi madre, constituían un obstáculo insalubre en nuestra unión!

A partir de ese momento, todo habría podido ser muy sencillo. La criatura más radiante de la tierra estaba dispuesta a compartir su vida conmigo. Se te invitaba en la «buena sociedad», que yo nunca había frecuentado; los amigos me envidiaban, y los hombres se volvían para verte cuando caminábamos de la mano. ¿Por qué escogiste a este *Austrian Jew* sin un céntimo? En teoría, era capaz de mostrar —invocando a Hero y Leandro, Tristán e Isolda, Romeo y Julieta— que el amor es la fascinación recíproca de dos personas en su aspecto más inefable, menos sociable y más reacio a los papeles y las imágenes de sí mismos que la sociedad les impone, y a cualquier pertenencia cultural. Casi podíamos ponerlo todo en común porque era casi nada lo que teníamos al comienzo. Me bastaba con aceptar vivir lo que vivía, con amar por encima de todo tu mirada, tu voz, tu olor, tus finos dedos y tu modo de habitar tu cuerpo, para que todo el futuro se abriera ante nosotros.

Únicamente esto: tú me diste la oportunidad de evadirme de mí mismo y de instalarme en un lugar distinto. Contigo, podía abandonar mi realidad. Eras el complemento de la irrealización de lo real, incluido de mí mismo, algo de lo que llevaba ocupándome desde hacía siete u ocho años a través de la escritura. Para mí, eras la portadora de la puesta entre paréntesis del mundo amenazante donde yo era un refugiado de ilegítima existencia, cuyo porvenir nunca se prolongaba más allá de tres meses. No tenía ganas de poner los pies en el suelo. Me cobijaba en una experiencia maravillosa y repudiaba que lo real la recuperase. En lo más hondo de mí, rechazaba lo que, en la idea y la realidad del matrimonio, lleva consigo este retorno a la realidad. Hasta donde alcanza mi memoria, siempre había intentado no existir. Tuviste que trabajar durante años para hacerme asumir mi existencia. Y me parece que ese trabajo sigue inconcluso.

Son varias y distintas las formas de explicar mi reticencia ante el matrimonio. Tiene dimensiones teóricas e ideológicas que la vuelven racional, pero su sentido principal es el que acabo de resumir.

En consecuencia, realizaba sin entusiasmo los trámites administrativos que exigía nuestro matrimonio. Tenía que haberme dado cuenta de que no considerabas que tuvieras ninguna relación con una legalización o una socialización de nuestra unión. Debía significar, simplemente, que estábamos de verdad juntos, que yo estaba dispuesto a concertar contigo un pacto para toda la vida por el que cada uno prometía al otro su lealtad, su dedicación y su ternura. Siempre fuiste fiel a este pacto. Pero entonces no estabas segura de que yo supiera mantener esa fidelidad. Mis reticencias y mis silencios alimentaban tus dudas. Hasta aquel día de verano en que me dijiste serenamente que no querías seguir esperando a que me decidiera. Podías entender que no quisiera vivir contigo, pero, en tal caso, preferías dejarme antes de que nuestro amor naufragara entre disputas y traiciones. «Los hombres no saben romper —decías—. Las mujeres prefieren que la ruptura sea limpia». Proponías que era mejor que nos separásemos durante un mes para darme tiempo a decidir lo que quería.

En ese momento supe que no necesitaba ningún plazo para reflexionar y que te echaría en falta si te dejaba marchar. Eras la primera mujer a la que amé en cuerpo y alma y con la que me sentía en profunda resonancia. Si era incapaz de amarte de verdad, nunca podría amar a nadie. Empleé palabras que nunca había sabido pronunciar; palabras con las que te dije que quería que permaneciéramos unidos para siempre.

Dos días más tarde, te fuiste a casa de unos amigos que tenían una extensa propiedad agrícola, donde ya te habías alojado al acabar la guerra. Habías criado con biberón a un cordero que, como en una de tus *nursery rhymes,* te seguía dondequiera que fueras. Pensé en lo feliz que te hacían los animales y en el propietario de la hacienda, que estaba enamorado de ti y convencido de que aceptarías casarte con él al concluir tu estancia «en el continente».

Me prometiste regresar, pero no me quedé del todo tranquilo. Te resultaría más fácil seguir adelante con tu vida sin mí que conmigo. No necesitabas a nadie para hacerte un lugar en el mundo. Contabas con una autoridad natural, el sentido de las relaciones y la organización; tenías sentido del humor; en cualquier situación te encontrabas cómoda y se lo contagiabas a quienes estaban a tu alrededor; y te convertías rápidamente en la consejera y la confidente de las personas con que tratabas. Captabas intuitivamente, con asombrosa rapidez, los problemas de los otros y los ayudabas a ver claro en sí mismos. Todos los días te enviaba mis cartas a través de una anciana, viuda de guerra, que vivía en Londres con una libra semanal. La querías mucho. Mis cartas eran tiernas. Me daba cuenta de que te necesitaba para encontrar mi camino; de no poder amar a nadie más que a ti.

Hacia finales del verano, regresaste para compartir mi indigencia. Te integraste en mi vida de Lausana con más facilidad de lo que yo lo había hecho nunca. Frecuentaba primordialmente a los miembros de una asociación de antiguos alumnos de letras. Al cabo de algunos meses, tu círculo de amigos —y admirativas amigas— era más amplio que el mío. Formabas parte de una compañía de teatro fundada por Charles Apothéloz. Su grupo se llamaba *Les Faux Nez*, título de una obra que «Apoth» había escrito a partir de un guion de Sartre publicado en *La Revue du cinéma* en 1947. Participaste en los ensayos de esta obra y actuaste en tres representaciones en Lausana y en Montreux.

Seguramente, tus conocimientos de francés avanzaron con mayor rapidez gracias al teatro y no tanto gracias a mí. Yo pretendía que emplearas un método alemán que consistía en aprender de memoria, al menos, treinta páginas de un libro. Habíamos elegido *El extranjero* de Camus, que comienza así: «Hoy ha muerto mamá. O quizás ayer. No lo sé. Recibí un telegrama del asilo: "Falleció su madre. Entierro mañana. Sentidas condolencias"». Esta primera página sigue haciéndonos reír todavía hoy cuando nos la recitamos.

En poco tiempo conseguiste ganar más dinero que yo: primero dando clases de inglés y, luego, como secretaria de una escritora británica que se había quedado ciega. Le servías de lectora, ella te dictaba su correo, y la sacabas a pasear después de comer durante una hora, guiándola por el brazo. Te pagaba, por supuesto en negro, la mitad de lo que necesitábamos para subsistir. Entrabas a trabajar a las ocho y, cuando volvías a la hora del almuerzo, yo acababa de levantarme. Escribía hasta la una o, a veces, las tres de la madrugada. Nunca protestaste. Me aplicaba en el segundo tomo del ensayo, donde me proponía distinguir las relaciones individuales con el otro en función de una jerarquía ontológica. Encontré muchas dificultades con respecto al amor (al que Sartre había dedicado treinta páginas de *El ser y la nada),* ya que es imposible explicar filosóficamente por qué se ama y se quiere ser amado por tal persona precisa, con exclusión de todas las demás.

En aquella época, no traté de responder a esta cuestión a partir de la experiencia que estaba viviendo. Aún no había descubierto, como lo acabo de hacer aquí, cuál era el fundamento de nuestro amor. Ni que el hecho de estar obsesionado, a la vez dolorosa y deliciosamente, con la coincidencia siempre prometida, y siempre evanescente, del gusto que tenemos por nuestros cuerpos —y cuando digo cuerpos, no olvido que «el alma es el cuerpo» tanto para Merleau-Ponty como para Sartre—, remite a experiencias fundadoras que hunden sus raíces en la infancia: al descubrimiento primordial, originario, de las emociones que una voz, un olor, un tono de piel, una forma de moverse y de ser, que para siempre constituirán la norma ideal, pueden hacer resonar en mí. Se trata de eso: la pasión amorosa es una forma de entrar en resonancia con el otro, en cuerpo y alma, y únicamente con él o con ella. Nos encontramos más acá o más allá de la filosofía. Nuestros años de penurias finalizaron provisionalmente en el verano de 1949. Como los dos militábamos en Ciudadanos del Mundo y vendíamos su diario a viva voz en las calles de Lausana, su secretario internacional, René Bovard, que había sido encarcelado como objetor de conciencia, me propuso ser su secretario en París: el secretario del secretario. Por primera vez en mi vida, fui contratado con un salario regular. Juntos descubrimos París. Y, al igual que en todos los empleos que desempeñé en adelante, tú asumías una parte del trabajo que debía hacer. A menudo venías a la oficina para ayudar a abrir el correo y clasificar las decenas de miles de cartas atrasadas. Participabas en la redacción de las circulares en inglés. Intimábamos con extranjeros que venían a visitar la oficina y los invitábamos a almorzar. No estábamos solo unidos en nuestra vida privada, sino también por una actividad común en la esfera pública.

Salvo que, a partir de las diez de la noche, me volvía a sumergir en el ensayo hasta las dos o las tres de la madrugada. «*Come to bed*»,* decías a partir de las tres. Contestaba: «*I am coming*»,† y tú: «*Don't be coming, come!*».‡ No había ningún reproche en tu voz. Me gustaba que me llamaras dejándome todo el tiempo que necesitaba.

Te habías unido, decías, con alguien que no podía vivir sin escribir, y sabías que todo el que quiere ser escritor necesita poder aislarse y tomar notas a cualquier hora del día o de la noche; que su trabajo con el lenguaje prosigue mu-

* Ven a la cama.

† Ahora vengo.

‡ No vengas ahora, ¡ven ya!

cho después de que haya dejado la pluma, y puede tomar posesión de él por completo, de improviso, justo a mitad de una comida o en medio de una conversación. «Si tan solo pudiera saber lo que pasa en tu cabeza», decías a veces ante mis largos silencios pensativos. Pero lo sabías por haberlo vivido tú misma: un flujo de palabras que buscan su ordenamiento más cristalino; fragmentos de frases permanentemente retocadas; albores de ideas que amenazan con desvanecerse si una fórmula o un símbolo no consigue fijarlas en la memoria. Amar a un escritor implica amar lo que escribe, decías. «Por tanto, ¡escribe!».

No imaginábamos que aún me harían falta seis años para terminar el ensayo. De haberlo sabido, ¿habría perseverado? «Estoy segura», dices. La primera meta del escritor no es lo que escribe. Su necesidad principal es escribir. Escribir, o sea, ausentarse del mundo y de sí mismo para, eventualmente, convertirlos en materia de elaboración literaria. Solo secundariamente se plantea la cuestión del «tema» tratado. El tema es la condición necesaria, necesariamente contingente de la producción de escritos. Cualquier tema es bueno si permite escribir. Durante seis años, hasta 1946, escribí un «diario». Escribía para conjurar la angustia. Cualquier cosa. Era un escribiente. El escribiente se convierte en un escritor cuando su necesidad de escribir se apoya en un tema que permite y exige que esta necesidad se organice como proyecto. Tú misma lo habías vivido. Sabías, desde el comienzo, que tendrías que amparar o velar por mi proyecto indefinidamente.

Nos casamos a comienzos del otoño de 1949. No se nos ocurrió solicitar el permiso de matrimonio al que teníamos derecho. Creo que mi salario no había sido declarado. Apartábamos en una libreta de ahorros lo que ganábamos por encima del salario mínimo, convencidos de la precariedad de mi empleo en Ciudadanos del Mundo.

Cuando, en la primavera de 1950, Ciudadanos del Mundo me dejó en el paro, simplemente dijiste: «Podremos arreglárnoslas perfectamente sin ellos». Te enfrentaste casi con alegría a un largo año de penalidades. Eras la roca firme sobre la que podía edificarse nuestra pareja. No sé cómo hiciste para dar con esos trabajitos. Por la mañana, posabas como modelo en la Grande Chaumière. Un pintor aficionado, retirado de los seguros, te hacía posar dos horas al día para hacerte un retrato. Encontraste alumnos para tus clases de inglés. Un italiano, a quien habíamos echado una mano cuando éramos Ciudadanos del Mundo, te contrató, junto con otras cinco o seis personas más, para la recogida de papeles usados.

Hiciste de guía a grupos de alumnos ingleses, para los que organizabas una semana de visitas. Siempre se extrañaban al descubrir en los Inválidos el culto que Francia consagraba a Napoleón. Para ellos solo era un dictador que había sido derrotado por Wellington y deportado a una isla británica. Tú tratabas de explicárselo. Varios profesores y alumnos siguieron escribiéndote durante años. Te entregabas totalmente en cada cosa que hacías. La penuria te daba alas. A mí, en cambio, me sumía en la depresión.

¿Fue entonces, o antes, o después? En cualquier caso, fue en verano, cuando, al observar las acrobacias de las golondrinas en el patio del edificio, dijiste: «¡Cuánta libertad para tan poca responsabilidad!». Durante el almuerzo, me espetaste: «¿Te das cuenta de que no me has dicho una sola palabra desde hace tres días?». Me pregunto si conmigo no te sentirías más sola que si efectivamente hubieras vivido sola.

Por aquella época, nunca te expliqué las razones de mi humor sombrío. Habría sentido vergüenza. Admiraba tu seguridad, tu confianza en el futuro, tu capacidad para disfrutar los momentos de felicidad que se ofrecían. Me gustó que un día almorzaras con Betty un cucurucho de cerezas negras en el jardín de la plaza Saint-Germain. Tenías más amistades que yo. Para mí, las penalidades tenían un rostro angustioso. Solo tenía un permiso de residencia temporal y, para renovarlo, necesitaba un empleo. Fui a Pantin, donde una empresa química buscaba a un documentalista traductor; no obstante, estaba demasiado cualificado para ese puesto. Me presenté a una sesión de contratación de agentes de seguros, pero el trabajo consistía en ir de puerta en puerta y camelar a gentes humildes para hacerles firmar un contrato. Gracias a la mediación de Sartre, conseguí que Marcel Duhamel me dejara traducir un libro de la Serie Negra, pero eso solo representaba seis semanas de trabajo, sin continuidad. Pasé para la Unesco un examen como traductor de alemán, en el que quedé segundo entre unos treinta candidatos. Cada mes iba a la Unesco para ver si había algún puesto vacante, del tipo que fuera. En absoluto. Descubrí que no se puede llegar a nada sin «relaciones», pero nosotros no teníamos ninguna. Yo carecía de cualquier contacto en el medio intelectual y no tenía a nadie con quien intercambiar las ideas que brotaban de mi imaginación filosófica, fértil en aquellos tiempos. Me encontraba en una situación de fracaso. Tu confianza me consolaba, pero no me tranquilizaba. Finalmente, gracias al contacto que había establecido en la Unesco, conseguí un empleo temporal en la embajada de la India, como secretario del agregado militar. Daba dos horas de clases a sus hijas y redactaba los informes sobre el equilibrio de fuerzas en Europa, informes que él enviaba sin retocar a su gobierno. Al menos, eso me permitía desarrollar una parte de mi talento. Tenía la sensación de que no daba la talla y de que tú merecías algo mejor.

La primavera de 1951 puso fin a este período de penuria. Gracias a un célebre periodista que nos presentó Jane, una amiga norteamericana con quien nos veíamos a menudo, encontré un trabajo que parecía hecho para mí: debía ocuparme de la revista de la prensa extranjera a la que un diario vespertino, *Paris-Presse,* iba a dedicar cotidianamente una página entera. La redacción estaba situada en un edificio ruinoso en la rue du Croissant, muy cerca del café donde fue asesinado Jean Jaurès.

La «revista de prensa» recibía cada día alrededor de cuarenta diarios o semanarios: todas las publicaciones británicas, desde las más serias hasta las más frívolas; todos los semanarios norteamericanos, más tres diarios, cuyos dos kilos de papel alimentaban la pequeña estufa de chapa que calentaba nuestra única habitación; la prensa alemana, suiza y belga, así como dos periódicos italianos.

Solo éramos dos periodistas para despachar todo este amasijo de informaciones. Pronto me convertí en el redactor jefe. Tú venías a menudo a la redacción para examinar gran parte de las publicaciones en inglés, recortar y clasificar los artículos de fondo. Tu elegancia y tu humor británico elevaban mi cotización ante los jefes. Esta iba acumulando una cultura periodística enciclopédica sobre casi todos los países y temas, incluidos los tecnocientíficos, médicos y militares. Gracias a las decenas de informes que tú aportabas día tras día, podía, en una sola noche, escribir una página entera sobre casi todo y cualquier cosa.

Durante los treinta años siguientes, no dejaste de poner al día, administrar y dar cuerpo a la documentación que habías constituido a partir de 1951. Me acompañó en mi paso a *L'Express* en

1955 y al *Nouvel Observateur* en 1964. Mis posteriores patronos sabían que no podría prescindir de ti.

Nuestro espacio de vida común nunca había llegado a ser tan amplio como lo fue después de mi entrada en ese periódico. Éramos complementarios. Además de la «revista de prensa», trabajo de dedicación exclusiva, estaba empleado a tiempo parcial en asuntos internacionales. Me sentía totalmente «en mi casa» en este trabajo: consistía en situarme en otra parte, en ocuparme solo de lo que era extraño a mi entorno y al público para el que escribía; en presentarme en mi ausencia. Destilaba una mirada extraña sobre el mundo, aprendía a borrarme ante los hechos y a hacerles decir lo que pensaba. Aprendía los trucos de la objetividad. Estaba en mi sitio a fuerza de no estarlo. No me ocupaba en el ensayo más que desde las diez de la noche hasta las doce, y durante los fines de semana.

Habría sido un período más bien feliz si no hubiéramos tenido que dejar la habitación que una amiga, que conocimos en Lausana, nos prestaba desde hacía tres años, en la rue des Saints-Pères. Solo encontramos dos pequeñas buhardillas separadas por el rellano, en un edificio del distrito once. Hasta ese momento, habíamos vivido en la pobreza, nunca en la fealdad. Descubrimos que se era más pobre en la rue Saint-Maur que en Saint-Germain-des-Prés, pese a que ganáramos más dinero. Tenías la sensación de estar exiliada en ese barrio. Cuando no venías al periódico, te sentías aislada. Veías cada vez menos a tus amigos, alejados a una media hora de metro. Al salir de casa, adonde fueras, solo había calles desiertas y comercios polvorientos. La tristeza se apoderaba de ti.

Después de vivir dos o tres años en este exilio, entramos en un período próspero. Me contrataron en *L'Express*. La documentación que habías elaborado fue una baza para conseguirlo. El recuerdo que guardo es el siguiente.

L'Express se convirtió en un diario para respaldar la campaña electoral de Mendès France entre 1955 y 1956. Cuando el periódico pasó a ser semanal, los periodistas de la plantilla, entre los que me encontraba, tuvimos que afrontar una selección en función de los resultados obtenidos en los primeros números de la nueva fórmula. Recuerdo haber escrito un artículo sobre la coexistencia pacífica, citando un discurso en el que

Eisenhower, tres años antes, había puesto de relieve todo lo que asemejaba al pueblo norteamericano y al pueblo soviético.

Entonces, en *L'Express,* nadie firmaba sus artículos. JJSS* citó el mío como un modelo del género, y concluyó: «He aquí alguien que no ignora el valor de una buena documentación». Adquirimos la reputación de ser inseparables, «obsesivamente atentos el uno al otro», escribiría más tarde Jean Daniel. En esas mismas semanas, conseguí terminar el ensayo y, algunos días después, encontramos en la rue du Bac, a un precio asombrosamente ínfimo, un pequeño apartamento en mal estado. Todo lo que habíamos esperado estaba a punto de realizarse.

* Jean-Jacques Servan-Schreiber.

En otro lugar, conté la acogida que Sartre concedió a la enorme cantidad de folios que le envié. Entonces comprendí lo que ya sabía desde el comienzo: ese manuscrito no iba a encontrar editor, aunque Sartre lo recomendara («sobrevalora usted mi poder», me dijo). Fuiste testigo de mi hosco humor y luego de mi huida hacia delante: comencé a escribir una autocrítica devastadora que se convertiría en el comienzo de un nuevo libro.

Me pregunté cómo podías soportar el fracaso de un trabajo al que lo había subordinado todo desde que me conocías. Y resulta que, para desembarazarme de él, me entregué cabizbajo a una nueva empresa que iba a absorberme Dios sabe cuánto tiempo. Pero no mostraste preocupación ni impaciencia. «Si tu vida es escribir, entonces escribe», me repetías como si tu vocación fuera la de confortarme en la mía.

Nuestra vida cambió. Nuestro pequeño apartamento atraía visitantes. Tú tenías tu círculo de amigos que venían al final de la tarde a tomar un *whisky*. Varias veces a la semana organizabas cenas o almuerzos. Vivíamos en el centro del mundo. La diferencia entre nuestros contactos, nuestros informadores y nuestros amigos se difuminaba. Branko, un diplomático yugoslavo, era todo eso a la vez. Comenzó como responsable del Centro de Información yugoslavo, en la avenida de la Ópera, y llegó a ser primer secretario de la embajada. Gracias a él, conocimos a algunos intelectuales franceses y extranjeros que tuvieron mucha importancia para nosotros.

Tú tenías tu propio círculo, tu propia vida, sin dejar de participar plenamente en la mía. En nuestra primera cena de Nochevieja con el Castor, Sartre y la «familia» de *Temps modernes,* Sartre te asedió con una intensa atención y se podía leer en su rostro la satisfacción cuando le contestaste con esa facilidad irrespetuosa que manifestabas hacia los grandes de este mundo. No sé si fue en esta ocasión, o más tarde, cuando uno de sus amigos me advirtió seriamente: «Ten cuidado, mi pequeño G. Tu mujer está más bella que nunca. Si decido cortejarla, sería irre-sis-ti-ble».

En la rue du Bac fue donde te volviste totalmente tú misma. Cambiaste tu voz virginal de inglesita (la voz que no dejó de cultivar Jane Birkin, entre otras) por una voz comedida y grave. Redujiste el volumen de tu magnífica melena, en la que me gustaba hundir mi rostro. No conservaste más que una sombra de acento inglés. Leías a Beckett, Sarraute, Butor, Calvino y Pavese. Seguías los cursos de Claude Lévi-Strauss en el Collège de France. Quisiste aprender alemán y compraste los libros necesarios. «No quiero que aprendas ni una sola palabra de esta lengua —te dije—. Ya nunca volveré a hablar alemán». Podías comprender esta actitud por parte de un *Austrian Jew.* Juntos produjimos todos los reportajes que realicé en Francia y el extranjero. Hiciste que me percatara de mis limitaciones. Nunca olvidé la lección que fueron para mí los tres días que pasamos en Grenoble con Mendès France. Era uno de nuestros primeros reportajes. Comimos con Mendès, visité con él a sus amigos y asistí a sus entrevistas con la gente importante de la ciudad. Tú sabías que, paralelamente a estas entrevistas, iba a deliberar con los militantes del sindicato de la Confederación Francesa Democrática del Trabajo para quienes los grandes patronos grenobleses no encarnaban precisamente «las fuerzas vivas de la nación». Fue grande tu insistencia para que Mendès leyera mi «reportaje» antes de enviarlo. Él te lo agradeció. «Si publica eso —me dijo—, no podré volver a poner los pies en esta ciudad». Parecía más divertido que molesto, como si le pareciera normal que a mi edad y en mi situación prefiriera el radicalismo al sentido del realismo político.

Ese día me di cuenta de que tenías más sentido político que yo. Eras capaz de percibir realidades que se me escapaban, al no entrar dentro de mi esquema de la realidad. Me volví un poco más modesto. Me habitué a hacerte leer mis artículos y manuscritos antes de entregarlos. Aceptaba tus críticas a regañadientes: «¡Por qué siempre tienes que llevar la razón!».

El fundamento sobre el que se alzaba nuestra pareja cambió con el curso de los años. Nuestra relación se convirtió en el filtro por el que pasaba mi relación con la realidad. Se produjo una inflexión entre nosotros. A lo largo de mucho tiempo te dejaste intimidar por mi carácter tajante, en el que presentías la expresión de conocimientos que no dominabas. Poco a poco, fuiste negándote a dejarte influir. O mejor: te rebelabas contra las construcciones teóricas y, muy especialmente, contra las estadísticas. Estas son mucho menos concluyentes, decías, debido a que solo adquieren sentido por su interpretación. No obstante, esta no puede aspirar al rigor matemático al que la estadística pretende confiar su autoridad. Necesitaba la teoría para estructurar mi pensamiento y te objetaba que un pensamiento no estructurado amenazaba siempre con naufragar en el empirismo y la insignificancia. Tú me replicabas que la teoría corre, en todo momento, el riesgo de convertirse en una cortapisa que impide percibir la cambiante complejidad de la realidad. Discutimos sobre el tema decenas de veces y conocíamos de antemano lo que el otro respondería. En el fondo, esas discusiones eran un juego. Pero en ese juego tenías la sartén por el mango. No necesitabas las ciencias cognitivas para saber que, sin intuiciones ni afectos, no puede haber ni inteligencia ni sentido. Tus juicios reivindicaban imperturbablemente el fundamento de su certeza vivida, comunicable pero no demostrable. La autoridad —llamémosla ética— de esos juicios no tenía necesidad de debate para imponerse. Por el contrario, la autoridad del juicio teórico se hunde si no puede concitar la convicción mediante el debate. Mi «por qué tienes que llevar siempre la razón» no tenía otro sentido. Me parece que necesitaba tu juicio más que tú el mío.

Nuestro período «rue du Bac» duró diez años. No pretendo describirlos, sino extraer su sentido: el de una puesta en común creciente de nuestras actividades, al mismo tiempo que una diferenciación cada vez mayor de nuestras respectivas imágenes de nosotros mismos. Esta tendencia seguiría afirmándose luego. Siempre habías sido más adulta que yo y cada vez lo eras más. En mi mirada, descifrabas una «inocencia» de niño, incluso podrías hablar de «ingenuidad». Te desenvolvías sin esas prótesis psíquicas que son las doctrinas, teorías y sistemas de pensamiento.

Yo las necesitaba para orientarme en el mundo intelectual, aunque pudiera cuestionarlas. En la rue du Bac escribí tres cuartas partes de *El traidor* y los tres ensayos siguientes.

El traidor apareció en 1958, dieciocho meses después de la entrega del manuscrito. Apenas veinticuatro horas después de haberlo dejado en Seuil, recibiste una llamada telefónica de Francis Jeanson que te preguntaba: «¿Qué está haciendo ahora?». «No para de escribir», le respondiste. Te diste cuenta de que Jeanson estaba dispuesto a publicar ese manuscrito.

Muchas veces dijiste que ese libro me había transformado a medida que lo escribía. «Una vez acabado, ya no eras el mismo». Creo que te equivocabas. No fue su escritura lo que me permitió cambiar, sino haber producido un texto publicable y verlo publicado. Su publicación cambió mi situación. Me otorgó un lugar en el mundo, confirió una realidad a lo que pensaba, una realidad que excedía mis intenciones, que me obligaba a redefinirme y a superarme continuamente para no convertirme en el prisionero de la imagen que los demás se hacían de mí, ni de un producto que se había vuelto diferente de mí por su realidad objetiva. Magia de la literatura: me permitía acceder a la existencia en tanto que me había descrito, escrito en mi rechazo de existir. Ese libro era el producto de mi rechazo, era ese rechazo y, su publicación, me impedía perseverar en él. Era exactamente lo que había esperado y lo que únicamente su publicación podía permitirme obtener: verme obligado a comprometerme mucho antes de lo que hubiera podido con mi sola voluntad, plantearme preguntas y perseguir fines que no habría definido en la soledad.

Por tanto, el libro no habría ejercido su acción por el trabajo de su elaboración, sino que actuó progresivamente en la medida en que me enfrentó a posibilidades y relaciones con los demás que inicialmente no preveía. Creo que hizo su efecto en 1959, cuando JJSS me descubrió competencias político-económicas: ya no tendría que ocuparme exclusivamente del extranjero. La actividad de escribir puede asumir la presencia ante los otros y el peso de las realidades materiales. *El envejecimiento* sería mi adiós a la adolescencia, mi renuncia a lo que Deleuze y Guattari llamarían «la ilimitación del deseo» y que Georges Bataille llamaba «la *omnitudo* de lo posible» a la que solo se acerca uno mediante el rechazo indefinido de cualquier determinación: la voluntad de no ser nada se confunde con la de ser todo. Al final de *El envejecimiento* se encuentra esta exhortación: «Hay que aceptar ser finito: estar aquí y en ninguna otra parte, hacer esto y no otra cosa, ahora y no nunca o siempre [...] tener únicamente esta vida».

Hasta 1958 o 1959, era consciente de que, al escribir *El traidor,* no había liquidado mi deseo «de ser nada, nadie, totalmente dentro de mí mismo, no objetivable y no identificable». Lo bastante como para advertir que «esta reflexión sobre mí mismo confirmaba y prolongaba necesariamente la elección fundamental [de la inexistencia] y, por tanto, no podía esperar modificar [la]». Y no solo porque no me incumbía, sino también porque *yo* no *me* comprometía *en ello* verdaderamente. Había tomado partido por escribir en tercera persona para evitar la complicidad con —la complacencia hacia— mí mismo. La tercera persona me mantenía a distancia de mí mismo, me permitía trazar en un lenguaje neutro, codificado, un retrato casi clínico de mi forma de ser y de funcionar. Con frecuencia, este retrato era feroz y estaba cargado de irrisión. Evitaba la trampa de la complacencia para caer en esta otra: me complacía en la ferocidad de la autocrítica. Era la pura mirada invisible, extraña a lo que ve. Transformaba lo que conseguía comprender de mí en conocimiento de mí mismo y, al hacerlo, nunca coincidía con ese yo que conocía como «otro». Este ensayo no dejaba de afirmar: «Ya ven, soy superior a lo que soy». Necesito explicarte todo esto porque semejante actitud aclara muchas cosas.

Solo leí por encima las pruebas de imprenta de *El traidor.* Nunca releí ninguno de aquellos de mis textos que se hubieran convertido en libros. Aborrezco la expresión «mi libro»: veo en ella lo característico de una vanidad mediante la cual un sujeto se engalana con cualidades que le confieren los demás en tanto que él mismo es Otro. El libro ya no es «mi pensamiento», ya que ha pasado a ser un objeto del mundo que pertenece a los demás y se me escapa. Con *El traidor,* pretendía precisamente «no escribir un libro». No quería entregar el resultado de una investigación, sino escribir esta misma investigación en su proceso de efectuarse, con sus descubrimientos en estado naciente, sus fallos, sus pistas falsas y su elaboración titubeante de un método, siempre inconclusa. Consciente de que, «cuando todo haya sido dicho, todo seguirá todavía por decir, siempre quedará todo por decir» —o, dicho de otra manera: lo que importa es el *decir* y no lo *dicho*—, lo que había escrito me interesaba mucho menos que lo que podría escribir a continuación. Creo que esto es válido para todo escribiente/escritor.

La investigación se detiene de hecho en el segundo capítulo. Antes del tercero, sabía *demasiado bien* lo que iba a descubrir y concluir. Maurice Blanchot lo señaló en su extenso artículo: la conclusión (el capítulo «Yo») tan solo confiere una forma coherente y sintética al diagnóstico que ya se encuentra en el primer capítulo. No ofrece ningún descubrimiento. Los capítulos tercero y cuarto están colonizados por temas y reflexiones que anuncian la siguiente obra, la cual los desarrollará.

El capítulo titulado «Tú», sobrecargado de digresiones, pagó los platos rotos. Lo descubrí con estupor tras la salida de *El traidor* en la edición de Folio. Apenas había mirado las pruebas, salvo para introducir los nueve o diez cortes que, en el capítulo «Tú», había hecho para la edición inglesa en Verso. Estos cortes se referían especialmente a una polémica con Romain Rolland y a una enorme «nota al pie» que llenaba cuatro páginas en caracteres minúsculos. Esta digresión sobre filosofía y revolución se intercalaba en la exposición de «[mi] manera de remitir los conflictos personales a una figura del Conflicto»; de «evadir[me] en el reino de las ideas en el que todas las cosas no son más que ilustraciones contingentes de una idea general». La denuncia de esta actitud no me impedía de ningún modo perseverar en ella. La continuación del capítulo ofrece ejemplos que rozan lo caricaturesco.

El capítulo debía señalar la mayor inflexión de mi vida. Debía mostrar cómo mi amor por ti, o, más bien, el descubrimiento de mi amor por ti, me iba a llevar por fin a querer existir; y cómo mi compromiso contigo se iba a convertir en el resorte de una conversión existencial. El relato se detiene, pues, ocho años antes de la redacción de *El traidor*, con el juramento de nunca separarme de ti. El «programa» quedaba entonces realizado. Calderón. Y el capítulo cambia de tema, describe la centralidad del dinero, critica el modelo de consumo y el modo de vida capitalistas, etc., todo lo que constituiría el objeto de la obra siguiente.

Lo que me molesta es que no haya ninguna huella de conversión existencial; ninguna huella de mí, de nuestro descubrimiento del amor, ni de nuestra historia. Mi juramento no deja de ser formal. Ni lo asumo ni lo materializo. Al contrario, intento justificarlo vanamente en nombre de principios universales, como si me avergonzara de ello o de tal cosa. Incluso tengo la lucidez de apuntar: «¿No es evidente que hablaba de Kay como una debilidad y con un tono exculpatorio, como si tuviera que excusarme por vivir?».

¿Qué es entonces lo que me motiva en este capítulo, como, por lo demás, en todo el libro? ¿Por qué hablo de ti con una especie de desenfadada condescendencia? ¿Por qué, en el poco espacio que te concedo, quedas desfigurada y humillada? ¿Y por qué los fragmentos alusivos a nuestra historia se entrecruzan con otra historia que es la de un fracaso y una ruptura deliberada que me entretengo en analizar detenidamente? Me planteé estas preguntas mientras me releía con estupor. Mi motivación principal es manifiestamente la necesidad obsesiva de elevarme por encima de lo que vivo, siento y pienso, para teorizarlo, intelectualizarlo y devenir un puro espíritu transparente.

Esa era ya la motivación a lo largo del ensayo. Y ahí resulta más inmediatamente visible. Pretendía hablar de ti como la única mujer a la que he amado verdaderamente y de nuestra unión como la decisión más importante de nuestras vidas. Pero, evidentemente, esa historia no me cautivaba, ni los siete años que, en el momento en que escribía *El traidor*, habían pasado desde esa decisión. Haberme enamorado apasionadamente por primera vez, y ser correspondido, era, aparentemente, demasiado banal, demasiado privado, demasiado común: no era un tema apropiado para permitirme acceder a lo universal. Al contrario, un amor naufragado e imposible concedía nobleza literaria. Me sentía cómodo en la estética del fracaso y la aniquilación, no en la de la afirmación y el éxito. Necesitaba elevarme por encima de mí y de ti, a costa nuestra, mediante consideraciones que superaran a nuestras personas singulares.

El objeto del capítulo consistía en denunciar esta actitud, en mostrar que ella nos puso al borde de la separación y la ruptura; y que, para no perderte, tenía que elegir: o vivir sin ti según mis principios abstractos o bien prescindir de esos principios para vivir contigo: «... optó por Kay y no por los principios; pero de mala gana y sin darse cuenta» de los sacrificios tan reales —y no por principios— que tú aceptabas.

El relato de lo que presento como una conversión quedó envenenado luego por once líneas que la desmienten. Me describo tal como era en esa primavera de 1948: invivible. «Tras haberse ido a vivir juntos en seis metros cuadrados [...], entraba y salía sin decir una palabra, pasaba los días sumido en sus papeles y contestaba [a Kay] con monosílabos impacientes. "Te bastas a ti mismo", decía ella. Ciertamente, en su vida no había lugar para nadie en particular [...] porque, como individuo particular, no tenía importancia y no podía interesarle que alguien se uniera a él en cuanto individuo particular». Sigue una página entera de lo que yo mismo califico como «disertaciones pretenciosas sobre el amor y el matrimonio».

Doy la impresión de juzgar con severidad lo que fui. Pero ¿por qué, en esta página y media escrita seis años después, en 1955 o 1956, hay seis líneas que hablan de ti como de una chica que inspira lástima, que «no conocía a nadie» y «no sabía ni una palabra de francés» después de pasar seis meses en Suiza? Sin embargo, sabía que tenías tu círculo de amigos, te ganabas la vida mejor que yo y en Inglaterra te esperaba un fiel amigo totalmente decidido a casarse contigo. ¿Por qué, a continuación, estas líneas detestables: «Kay, que, de una manera u otra, [...] se habría destruido si él la hubiera abandonado»? Incluso nueve páginas después, en el relato de mi «juramento», se contienen cinco líneas envenenadas. Me habías declarado —y era previsible dada mi desenvoltura— que, «si estábamos juntos solo para un momento, preferías dejarlo ahora y llevarte el recuerdo intacto de nuestro amor». Encajé el golpe, pero dando nuevamente de ti una imagen lastimera: «... si él dejase marchar a Kay, si tuviera que acordarse durante toda su vida de que ella arrastraba por donde fuera [...] su recuerdo, buscando refugio en el desvelo por los enfermos o en el deber hacia la familia, [...] sería un traidor y un cobarde. Y, además, si no tenía la seguridad de que podría vivir con ella, al menos estaba seguro de que no quería perderla. Estrechó a Kay contra él y dijo con una especie de concesión: "Si tú te marchas, te seguiré. No podría soportar haberte dejado marchar". Y al cabo de un momento añadió: "Nunca"».

En realidad, en ese momento dije: «Te amo». Pero eso no aparece en el relato.

¿Por qué doy la impresión de que nuestra separación sería más insoportable para ti que para mí? ¿Por qué no confesar lo contrario? ¿Por qué digo que era responsable «del giro que diera [tu] vida»? ¿Que era mi responsabilidad «hacer[te] la vida vivible»? En definitiva, once líneas de veneno en tres dosis, en veinte páginas; tres pequeñas pinceladas que te rebajaban y desfiguraban, escritas siete años más tarde, y que nos roban el sentido de siete años de nuestra vida.

¿Quién escribió esas once líneas? Quiero decir: ¿qué era yo cuando escribí esas líneas? Siento la dolorosa necesidad de rescatar para nosotros esos siete años y lo que verdaderamente eras para mí. He intentado restituir aquí importantes aspectos de nuestro amor y nuestra pareja. Todavía no he explorado el período en el que escribí esas páginas. Y precisamente en él tengo que encontrar la explicación. Recuerdo que 1955 fue un año más bien afortunado. Iba a cambiar de periódico. Pasamos nuestras vacaciones a orillas del Atlántico. Comencé *El traidor* en el distrito once, atenazado por la angustia. El día de fin de año firmamos el contrato de la rue du Bac. Vivimos, entonces, meses de dicha y esperanza.

Pero, a medida que avanzaba en su elaboración, el manuscrito se cargaba cada vez más de consideraciones políticas. El capítulo «Tú» sitúa obstinadamente las relaciones personales, privadas, incluso las relaciones amorosas y de pareja, en el contexto de relaciones sociales alienantes. Gide apunta en algún lugar de su *Diario* que siempre siente la necesidad de defender en la obra lo contrario de lo que acaba de escribir. Ese era también mi caso. La exploración de mí mismo era, literalmente, un callejón sin salida. No podía escribirla dos veces. Preparaba ya la siguiente obra, aún mal definida, con la lectura del *Marx* de Jean-Wes Calvez, los escritos de juventud de Marx y el *Stalin* de Isaac Deutscher. Creía que la relación de Kruschev con el XX Congreso anunciaba una gran inflexión, que los intelectuales podrían desempeñar un papel decisivo en el movimiento comunista. Empecé a parecerme a los miembros de un grupo teatral descrito por Kazimierz Brandys en *La defensa de Granada,* que pretenden que todos los movimientos de su mente y su corazón estén de acuerdo con las exigencias del Partido, y cada uno de los cuales se acusa, y acusa a los otros, de albergar reticencias interiores con respecto a su tarea. No estaba lejos de considerar el amor como un sentimiento pequeño-burgués.

«Hablaba de ti en un tono de excusa, como una debilidad» (esta acotación en *El traidor* adquiere ahora todo su sentido): manifiestamente, consideraba una debilidad, al menos en lo que escribía, el apego que me manifestabas. François Erval, en esa época, me dijo una vez: «Tienes una fijación revolucionaria». Tú asistías con inquietud, y por momentos con cólera, a mi evolución procomunista. Al mismo tiempo, me hacías amar la expansión de nuestro espacio privado y de nuestra vida en común. Una anotación de Kafka en su *Diario* puede resumir mi mentalidad de entonces: «Mi amor por ti no se ama». Yo no me amaba por amarte.

Finalmente comprendí que solo podría afiliarme con los comunistas por pobres razones; que los intelectuales no podrían, en mucho tiempo, impulsar una transformación del PCF. Los descubrimientos que hicimos a comienzos de 1957 contribuyeron con seguridad a mi evolución, así como nuevas lecturas: en especial, David Riesman y C. Wright Mills.

Cuando por fin salió *El traidor,* me percaté de lo que te debía: lo diste todo por ayudarme a llegar a ser yo mismo. La dedicatoria que escribí en tu ejemplar dice: «Para ti, llamada Kay, que, al darme a ti misma, me diste mi propio yo».

¡Ojalá hubiera desarrollado eso en lo que acabó convirtiéndose en «mi libro»!

Tengo que retroceder para abordar la continuación de nuestra historia. Durante nuestros años en la rue du Bac, experimentamos gradualmente una relativa holgura material. Pero nunca elevamos nuestro nivel de vida y de consumo a la altura de nuestro poder adquisitivo. Sobre este tema había entre nosotros un acuerdo tácito. Teníamos los mismos valores, quiero decir, una misma concepción de lo que proporciona un sentido a la vida o amenaza con quitárselo. Hasta donde llega mi recuerdo, siempre detesté el modo de vida llamado «opulento» y sus despilfarros. Tú te negabas a seguir la moda y la juzgabas según tus propios criterios. Te negabas a dejar que la publicidad y el *marketing* te impusieran necesidades que no sentías. En vacaciones, nos alojábamos en «una casa particular», en España, o en albergues o modestas pensiones, en Italia. En 1968, por primera vez, fuimos a un gran hotel moderno, en Pugnochiuso. Al cabo de diez años, terminamos por comprarnos un viejo Austin, que no impidió que siguiéramos considerando la motorización individual como una elección política execrable que alza a unos individuos contra otros bajo el pretexto de ofrecerles el medio de sustraerse a la condición común. Tú definías y administrabas según nuestras necesidades el presupuesto de que disponías para los gastos corrientes. Lo que me recuerda a la conclusión a la que llegaste a tus siete años de que el amor, para ser auténtico, tenía que desdeñar el dinero. Tú lo desdeñabas. Con frecuencia lo dimos.

Adquirimos la costumbre de pasar nuestros fines de semana en el campo. Luego, para no tener que alojarnos en un albergue, compramos una casita a cincuenta kilómetros de París. En cualquier época, hacíamos paseos de dos horas. Tenías una contagiosa connivencia con todo lo viviente y me enseñaste a apreciar y amar los campos, los bosques y los animales. Te escuchaban tan atentamente cuando les hablabas que me daba la impresión de que entendían tus palabras. Me descubriste la riqueza de la vida y la amaba a través de ti, si no era al revés (aunque viene a ser lo mismo). Poco después de nuestra mudanza a la casita, adoptaste un gato gris atigrado que, visiblemente famélico, esperaba siempre ante nuestra puerta. Le curamos la sarna. La primera vez que saltó espontáneamente sobre mis rodillas, tuve la sensación de que me hacía un gran honor.

Nuestra ética —si me atrevo a llamarla así— nos predisponía para acoger con alegría el mayo del 68 y lo que siguió. De entrada, preferimos el VLR* a

* VLR, Vive la Révolution, organización maoísta influida por el situacionismo y abierta a los nuevos

la GP, a Tiennot Grumbach y su comunidad militante de Mantes a Benny Lévy y *La Cause du peuple.* En el extranjero, se me tenía por un precursor, o incluso un inspirador, de los movimientos de mayo. Fuimos juntos a Bélgica, Holanda, Inglaterra, y luego, en 1970, a Cambridge (Massachusetts). Cinco años antes, en Nueva York, aborrecimos la civilización estadounidense con sus despilfarros, su esmog, sus patatas fritas con kétchup y Coca-Cola, la brutalidad y los ritmos infernales de su vida urbana, sin sospechar que pronto París no escaparía a nada de todo eso. En Cambridge, nos sedujo la hospitalidad y el interés que nuestros anfitriones concedían a nuestras nuevas ideas. Descubrimos una especie de con-

---

movimientos de liberación de las mujeres y los homosexuales, opuesta a la GP, Gauche Prolétarienne, organización maoísta mucho más tradicional y militarizada.

trasociedad que perforaba sus galerías bajo la costra de la sociedad aparente, a la espera de poder emerger a la luz del día. Nunca habíamos visto tantos «existencialistas», es decir, gente decidida a «cambiar la vida» sin esperar nada del poder político, poniendo en práctica otro modo de vivir la vida en común y sus finalidades alternativas. Fuimos invitados por un *think tank** en Washington. Y a ti te invitaron a varias reuniones de Bread and Roses y conseguiste que yo pudiera asistir. De regreso a París, te llevaste varios libros, entre los cuales estaba *Our Bodies, Ourselves.* Teníamos un mundo en común del que percibíamos aspectos diferentes. Tales diferencias nos enriquecían.

La estancia en Estados Unidos contribuyó a que evolucionaran nuestros cen-

* Centro de pensamiento y laboratorio de ideas.

tros de interés. A mí me ayudó a entender que las formas y los objetivos clásicos de la lucha de clases no podían cambiar la sociedad, y que la lucha sindical tenía que desplazarse hacia nuevos territorios. El siguiente verano acogimos con el mayor interés el texto preparatorio de un seminario en el que una veintena de personas tenían que participar en Cuernavaca, México. No sé cómo Jean Daniel obtuvo ese texto. Me pidió que lo resumiera para el periódico. Su título provisional era *Retooling Society.* Comenzaba afirmando que la carrera del crecimiento económico iba a implicar múltiples catástrofes que pondrían en peligro la vida humana de ocho maneras. Se podía encontrar en él una suerte de eco del pensamiento de Jacques Ellul y de Günther Anders: la expansión de las industrias transforma la sociedad en una máquina gigantesca que, en lugar de liberar a los seres humanos, restringe su espacio de autonomía y determina cuáles son los fines que deben perseguirse y cómo. Nos convertimos en los esclavos de esta «megamáquina». La producción ya no está a nuestro servicio, sino que nosotros estamos al servicio de la producción. Y, a causa de la profesionalización simultánea de cualquier tipo de servicios, nos volvemos incapaces de hacernos cargo de nosotros mismos, de autodeterminar nuestras necesidades y satisfacerlas por nuestra cuenta: somos en todo dependientes de «profesiones incapacitantes».

Discutimos este texto durante las vacaciones de verano. Estaba firmado por Ivan Illich. Situaba la idea de «autogestión», que estaba de moda en toda la izquierda, en una nueva perspectiva. Ratificaba la urgencia de la «tecnocrítica», de la refundación de las técnicas de producción, uno de cuyos protagonistas habíamos conocido en Harvard. Legitimaba nuestra necesidad de ampliar nuestro espacio de autonomía, de no pensarlo únicamente como una necesidad privada. Seguramente desempeñó un papel en nuestro proyecto de construir una verdadera casa. Tú diseñaste su plano durante las vacaciones estivales: una casa en «U».

Así, entramos juntos en la era de lo que iba a convertirse en la ecología política, que nos parecía una especie de prolongación de las ideas y los movimientos de 1968. Frecuentamos a la gente de *La Gueule ouverte* y del *Sauvage*, Michel Rolant y Robert Laponche, buscando otra orientación de la tecnociencia, la política energética y el modo de vida.

Nos encontramos por primera vez a Ivan Illich en 1973. Quería invitarnos al seminario sobre la medicina, programado para el año siguiente. No podíamos imaginar que la crítica de la tecnomedicina coincidiría pronto con nuestras preocupaciones personales.

En 1973, trabajabas en Ediciones Galilée en la creación de un servicio de derechos extranjeros. Lo gestionarías durante tres años. Los fines de semana íbamos a hacer una comida campestre en las obras de nuestra futura casa. Todo nos unía. Pero inexplicadas contracturas y dolores de cabeza arruinaban tu vida. Tu fisioterapeuta sospechaba que eras hipernerviosa; tu médico, tras vanos exámenes, te prescribió tranquilizantes, que te deprimieron hasta tal punto que, para tu propia extrañeza, llegabas a llorar. Luego, nunca volviste a tomarlos.

Fuimos a Cuernavaca el verano siguiente. Allí, estudié la documentación que Ivan Illich había reunido para la preparación de su *Némesis médica.* Habíamos convenido en que escribiría artículos con la publicación de ese libro. El primero se titulaba «Cuando la medicina nos enferma». Actualmente, la mayoría de la gente pensaría que formulaba obviedades. En aquellos tiempos, solo tres cartas de médicos no lo atacaron. Una de ellas estaba firmada por Court-Payen. Subrayaba la diferencia entre síndrome y enfermedad, y defendía una concepción holística de la salud.

Cuando tu estado de salud se agravó dramáticamente, fui a ver a ese médico. Ya no podías acostarte de lo que te dolía la cabeza. Pasabas la noche de pie en el balcón o sentada en un sillón. Había querido creer que lo compartíamos todo, pero tú estabas sola en tu desamparo.

En la radiografía de toda la columna vertebral, incluida la cabeza, que te prescribió, el doctor Court-Payen comprobó la presencia de bolitas de productos de contraste, diseminados en el canal raquídeo, desde las lumbares hasta la cabeza. Ocho años antes, te habían inyectado este producto, el lipiodol, antes de operarte de una hernia discal paralizante. Oí cómo te tranquilizaba el radiólogo: «En diez días eliminará este producto». Al cabo de ocho años, una parte del líquido había ascendido a tus fosas craneales y otra parte se había enquistado a la altura de las cervicales.

Fue a mí a quien Court-Payen comunicó su diagnóstico: tenías una aracnoiditis y no existía ningún tratamiento para esta afección progresiva.

Me procuré una treintena de artículos publicados sobre las mielografías en las revistas médicas. Escribí a los autores de alguno de estos artículos. Uno de ellos —un noruego, Skalpe— que había realizado autopsias en humanos y animales de laboratorio, había demostrado que el lipiodol nunca se elimina y provoca patologías que se agravan progresivamente. Su carta concluía con estas palabras: «Doy gracias a Dios por no haber utilizado nunca este producto». La carta de un profesor de neurología del Baylor College of Medicine (Texas) no era más alentadora: «La aracnoiditis es una afección en la que los filamentos que recubren el cordón medular propiamente dicho y, a veces, el cerebro, forman un tejido cicatricial y comprimen tanto el cordón medular como las raíces nerviosas que salen de o entran en él. Como consecuencia, pueden generarse diversas formas de parálisis y dolores. La inhibición de algunos nervios o un tratamiento farmacológico quizá podrían servir de ayuda».

Ya no tenías nada que esperar de la medicina. Te negaste a habituarte a la toma de analgésicos y a depender de ellos. Decidiste hacerte cargo por ti misma de tu cuerpo, tu enfermedad y tu salud; apoderarte de tu vida en lugar de dejar que la tecnociencia médica tomase el poder sobre tu relación con tu cuerpo y contigo misma. Contactaste con una red internacional de enfermos que se ayudaban mutuamente intercambiando informaciones y consejos, tras haber chocado como tú con la ignorancia, y a veces con la mala voluntad, del estamento médico. Te iniciaste en el yoga. Tomabas posesión de ti misma al administrar tus dolores mediante antiguas autodisciplinas. La capacidad de entender tu mal y de hacerte cargo de ti misma te parecía el único medio para evitar ser dominada por él y por los especialistas que te transformarían en una consumidora pasiva de fármacos.

Tu enfermedad nos devolvía al campo de la ecología y la tecnocrítica. Mis pensamientos no te abandonaron cuando preparé para el periódico un informe sobre las medicinas alternativas. La tecnomedicina se me presentaba como una modalidad especialmente agresiva de lo que Foucault más tarde llamaría el biopoder, del poder que los dispositivos técnicos adquieren incluso sobre la relación íntima de cada uno consigo mismo.

Dos años más tarde, fuimos invitados por segunda vez a Cuernavaca. Teníamos que ir a continuación a Berkeley, y luego a La Jolla, cerca de San Diego, a casa de Marcuse. Sin que te dieras cuenta, te saqué una foto de espaldas: caminas con los pies dentro del agua por la gran playa de La Jolla. Tienes cincuenta y dos años. Eres maravillosa. Es una de las imágenes tuyas que prefiero.

A nuestro regreso, contemplé detenidamente esa foto, cuando me dijiste que te preguntabas si no tendrías un cáncer. Ya te lo preguntabas antes de nuestra partida a Estados Unidos, pero no habías querido decírmelo. ¿Por qué? «Si tengo que morir, quiero ver antes California», me dijiste tranquilamente.

Tu cáncer de endometrio no había sido detectado durante los exámenes anuales. Una vez establecido el diagnóstico y fijada la fecha de la operación, nos fuimos ocho días a la casa que tú habías concebido. Con un buril, grabé tu nombre en la piedra. Esa casa era mágica. Todos los espacios tenían una forma trapezoidal. Las ventanas de la habitación daban sobre la copa de los árboles. La primera noche no dormimos. Cada uno escuchó el aliento del otro. Luego, un ruiseñor empezó a cantar y un segundo, más lejos, le respondió. Nos hablamos muy poco. Dediqué el día a labrar y, de tanto en tanto, levantaba la vista hacia la ventana de la habitación. Allí permanecías tú, inmóvil, mirando fijamente a lo lejos. Estoy seguro de que te esforzabas en acostumbrarte a la muerte para combatirla sin temor. Estabas tan hermosa y resuelta en tu silencio que no podía imaginar que pudieras renunciar a vivir.

Obtuve un permiso en el periódico y compartí tu habitación en la clínica. La primera noche, por la ventana abierta, escuché la Novena Sinfonía de Schubert. Se me quedó grabada. Me acuerdo de cada momento pasado en la clínica. Pierre, el amigo médico del CNRS, que venía a informarse de tu estado todas las mañanas, me dijo: «Estás viviendo momentos de una excepcional intensidad. Siempre los recordarás». Quise conocer las posibilidades de supervivencia en el plazo de cinco años que te concedía el oncólogo. Pierre me trajo la respuesta: *«Fifty-fifty»*. Me dije que, después de todo, teníamos que vivir nuestro presente en lugar de proyectarnos siempre hacia el futuro. Leí dos libros de Ursula Le Guin traídos de Estados Unidos, que me ratificaron en mi decisión.

Cuando saliste de la clínica, volvimos a nuestra casa. Tu estado de ánimo me encantaba y me tranquilizaba. Habías escapado a la muerte y la vida adquiría un nuevo sentido y un nuevo valor. Illich lo entendió inmediatamente cuando lo volviste a ver algunos meses más tarde, en el curso de una velada. Te miró detenidamente a los ojos y te dijo: «Has visto el otro lado». No sé qué le contestaste ni las otras cosas que hablasteis, pero me dirigió estas palabras, inmediatamente después: «¡Esa mirada! Ahora entiendo lo que ella representa para ti». Nos invitó una vez más a su casa en Cuernavaca, y añadió que podríamos quedarnos tanto tiempo como quisiéramos.

Habías visto «el otro lado»; habías regresado del país del que no se vuelve. Eso cambió tu visión de la vida. Habíamos adoptado la misma decisión sin consultarnos. Un romántico inglés lo resumió en una frase: «*There is no wealth but life*».*

Durante tus meses de convalecencia, tomé la decisión de jubilarme a los sesenta años. Me puse a contar las semanas que me faltaban. Me gustaba cocinar, buscar los productos de cultivo biológico que te ayudarían a reponer las fuerzas, encargar en la plaza Wagram las fórmulas magistrales que te recomendaba un homeópata.

La ecología se convertía en un modo de vida y una práctica cotidiana sin dejar de implicar la exigencia de otra civilización. Había llegado a la edad en que uno se pregunta qué es lo que ha hecho con su vida y lo que habría querido hacer con ella. Tenía la impresión de no haber vivido mi vida, de haberla observado siempre a distancia, de haber

* No hay riqueza excepto la vida.

desarrollado una sola parte de mí mismo y de ser pobre como persona. Tú eras, y siempre habías sido, más rica que yo. Te desarrollaste en todas tus dimensiones. Estabas bien asentada en tu vida, mientras que yo siempre me había apresurado a pasar a la tarea siguiente, como si nuestra vida solo fuera a comenzar realmente más tarde.

Me pregunté qué era lo accidental a lo que debía renunciar para concentrarme en lo esencial. Me dije que, para entender el alcance de las conmociones que se anunciaban en todos los ámbitos, eran necesarios más espacio y tiempo de reflexión de lo que permitía el ejercicio con dedicación exclusiva del oficio de periodista. No esperaba nada verdaderamente innovador del triunfo de la izquierda en 1981 y te lo dije después de haber entrevistado a dos ministros del gobierno Mauroy al día siguiente de su nombramiento. Me sorprendió que mi salida del periódico, tras veinte años de colaboración, no fuera penosa ni para mí mismo ni para los otros. Recuerdo haber escrito a E. que, a fin de cuentas, solo me importaba una cosa: estar contigo. Me resulta inimaginable seguir escribiendo si tú ya no estás. Tú eres lo esencial sin lo cual todo lo demás, por importante que me parezca mientras estás ahí, pierde su sentido y su importancia. Eso te decía en la dedicatoria de mi último escrito.

Veintitrés años han pasado desde que nos marchamos a vivir al campo. Primero en «tu» casa, que destilaba una armonía meditativa. Solo la disfrutamos durante tres años. La obra de una central nuclear nos expulsó de ella. Encontramos otra casa, muy antigua, fresca en verano y cálida en invierno, con mucho campo. Allí habrías podido ser feliz. Donde no había más que un prado, creaste un jardín de setos y arbustos. Yo planté doscientos árboles. Durante algunos años todavía viajamos un poco, pero las vibraciones y las sacudidas de los medios de transporte, cualesquiera que fueren, te producían dolores de cabeza y en todo el cuerpo. La aracnoiditis te obligó a abandonar poco a poco la mayoría de tus actividades favoritas. Lograste ocultar tus sufrimientos. Nuestros amigos te encontraban «en plena forma». Nunca dejaste de animarme a escribir. A lo largo de los veintitrés años que pasamos en nuestra casa, publiqué seis libros y centenares de artículos y entrevistas. Recibimos decenas de visitas llegadas de todos los continentes y concedí otras tantas entrevistas. Seguramente, no estuve a la altura de la resolución tomada hacía treinta años: de vivir plenamente en el presente, atento sobre todo a la riqueza en que consiste nuestra vida en común. Ahora, vuelvo a vivir los momentos en que tomé esta resolución con un sentimiento de urgencia. No tengo mayor obra en mi taller. Ya no quiero —según la fórmula de Georges Bataille— «posponer la existencia para más tarde». Estoy tan atento a tu presencia como en nuestros comienzos y me gustaría hacértelo sentir. Me entregaste toda tu vida y todo lo tuyo. A mí me gustaría poder darte todo lo mío durante el tiempo que nos quede.

Acabas de cumplir ochenta y dos años y sigues siendo bella, elegante y deseable. Hace cincuenta y ocho años que vivimos juntos y te quiero más que nunca. Hace poco volví a enamorarme de ti una vez más y llevo de nuevo en mí un vacío devorador que solo sacia tu cuerpo apretado contra el mío. Por la noche veo, a veces, la silueta de un hombre que, en una carretera vacía y en un paisaje desierto, camina detrás de un coche fúnebre. Es a ti a quien lleva esa carroza. No quiero asistir a tu incineración; no quiero recibir un frasco con tus cenizas. Oigo la voz de Kathleen Ferrier que canta *«Die Welt ist leer, Ich will nicht leben mehr»** y me despierto. Espío tu respiración, y mi mano te acaricia. A ninguno de los dos nos gustaría tener que sobrevivir a la muerte del otro. A menudo, nos hemos dicho que, en el caso de tener una segunda vida, nos gustaría pasarla juntos.

21 de marzo - 6 de junio de 2006

* El mundo está vacío y no quiero vivir más.